Isabella Monti

Eine himmlische Idee

ISBN: 3-9501025-2-3
©Paracelsus Buchhandlung & Verlag
1. Auflage 2004
Alle Rechte vorbehalten

©Moraún Symbol: Mag. Werner Neuner
Covergestaltung: Werbeagentur COCO, Salzburg
Druck: Offset-Druck Korona GmbH & Co. KG, Freilassing

Paracelsus Buchhandlung & Verlag
Steingasse 47, A-5020 Salzburg
parabuch@salzburg.co.at

Isabella Monti

Eine himmlische Idee

Eine neugierige Seele
kommt auf die Erde

PARACELSUS BUCHHANDLUNG & VERLAG

Für meine
Freunde im Himmel und auf der Erde

Danke

Die Geschichten der kleinen, neugierigen Seele können Sie immer wieder lesen. Speziell, wenn es Ihnen nicht gut geht, wenn Sie Angst haben, oder Sorgen und Zweifel im Kopf toben. Die Liebe und Wärme, die in dieser Geschichte stecken, können Ihr Innerstes tief berühren und trösten.

Vorwort

Liebe Leserin, lieber Leser!

Als ich im Mai 2001 die Geschichte einer kleinen Seele, die sich mit Gott im Himmel unterhält, niederschrieb, wusste ich noch nicht, dass daraus ein Buch werden würde. Zumindest nicht bewusst. Ich folgte nur einem inneren Impuls und habe – obwohl es mir an diesem Tag zeitlich eigentlich gar nicht passte – meinen Schreibblock geholt, um das, was sich in mir ansammelte niederzuschreiben. Der Gedanke, schreiben zu müssen, war mir nicht fremd, da ich schon einige Jahre zuvor entdeckt hatte, dass intuitives Schreiben ein Werkzeug ist, das mich immer wieder mit sehr guten und hilfreichen Informationen versorgt. Zudem spürte ich, dass es diesmal besonders wichtig war. Und so habe ich das Diktat aus meinem Innersten aufgenommen. Ich wusste wie immer nicht, was dabei herauskommen würde, denn das automatische Schreiben geschieht ganz von selbst. Ich weiß, bevor ich einen Satz niederschreibe nicht, was als

Nächstes kommt. Es steigt ein Gedanke nach dem anderen hoch, den ich dann zu Papier bringe.

So entstand der erste Band der Geschichte der kleinen Seele, der ein Jahr später beim Silberschnur Verlag veröffentlicht wurde und vielen Menschen Mut und Hoffnung gespendet hat und weiterhin spendet. Ich habe seither Mails und Briefe aus Deutschland, Österreich der Schweiz und sogar aus Rumänien erhalten, in denen mir Frauen, Männer und auch Kinder geschildert haben, wie viel Kraft und vor allem Trost ihnen die Geschichte der kleinen Seele gegeben hat. Viele fühlten auch, dass der Inhalt der Geschichte eine Wärme ausstrahlt, die ihr Innerstes tief berührt hat.

Meine Freude über diese Zuschriften kann ich nicht in Worte fassen. Vielen herzlichen Dank dafür! Ich habe den ersten Band – *Ein himmlischer Dialog* – in nur zwei Tagen geschrieben. Und als mir kurze Zeit drauf auch die Fortsetzung der Geschichte – *Eine himmlische Idee* – so leicht zufiel, meldete mein Verstand gehörige Zweifel an. Aber als ich auch das zweite Mal die Liebe und die Kraft spürte, die von dieser Geschichte ausgehen, hatte mein Verstand keine Chance mehr. Der himmlische

Dialog und die himmlische Idee sind eben Geschichten, die für die Seele geschrieben wurden. Und unsere Seele funktioniert nun mal anders, als sich unser Verstand das vorstellt. Gott sei Dank!

Nun wünsche ich Ihnen viel Freude und Spannung beim Lesen, denn jetzt geht das Abenteuer erst richtig los! Die neugierige Seele kommt nämlich als Menschenkind auf die Erde, um eine ganz bestimmte Erfahrung zu machen ....

Ihre Isabella Monti, Salzburg

Es war zwölf Uhr mittags an einem Sonntag im Sommer. Die Sonne schien, die Vögel zwitscherten fröhlich vor sich hin und alles war so, wie es sich für einen zwölften Juli gehört. Es war heiß und schwül und die Hitze machte es für die Frau, die gerade in den letzten Presswehen lag, auch nicht gerade leichter. Aber das gehört eben alles zu einer Geburt. Denn die Schmerzen – so behaupten zumindest die meisten Mütter – sind vergessen, sobald sie das kleine Bündel Mensch in ihren Armen halten. Nun war es so weit: Sie war da, die Kleine. Fast zwei Wochen zu spät, aber glücklich, endlich auf der Erde angekommen zu sein. Neugierig blickte sie mit großen Augen um sich, aber das Scheinwerferlicht im Kreißsaal war so grell, dass sie immer wieder blinzeln musste. Denn da, wo sie gerade herkam, war es viel dunkler und ruhiger und noch bevor sie wusste wie ihr geschah, bekam sie, mit dem Kopf nach unten hängend, einen Klaps auf ihren kleinen Po und sie begann laut und kräftig zu schreien, und ihre Lungen füllten sich zum ersten Mal mit Sauerstoff. Sie schrie und schrie und plötzlich hatte sie ganz eigenartige Gefühle, die wohl mit ihrem neuen Körper zusammenhängen mussten.

Sie wusste nicht genau, was das zu bedeuten hatte, aber sie fühlte sich sehr einsam und traurig. Und schon rannen ihr dicke Tränen über das kleine Gesicht und sie begann herzzerreißend zu weinen. Das rege Treiben war ungewohnt hektisch und laut, aber irgendwie wusste sie, dass das alles mit ihr zu tun haben musste. Auch ihr Körper, in dem sie sich noch nicht richtig heimisch fühlte, gab Signale, die sie nicht genau einordnen konnte. Trotz der Hitze, die im Kreißsaal herrschte, war ihr kalt und sie begann am ganzen Körper zu zittern. Aber da war noch ein anderes, völlig neuartiges Gefühl, das sie noch nicht kannte und sie fragte still in sich hinein, was das denn zu bedeuten habe. „Ja, das ist es. Ich habe einen Körper und ich habe Angst. Oh Gott, hilf mir!", flehte sie ihn Gedanken und wieder begann sie leise vor sich hin zu weinen. Zu groß waren die Anstrengungen und die Schmerzen der Geburt.

„Das ist es also, wovon die Seelen im Himmel gesprochen haben. So fühlt man sich in einem Körper", dachte sich die kleine Seele erschöpft. Bevor sie sich nämlich endgültig entschieden hatte auf die Erde zu gehen, erkundigte sie sich im Himmel bei ihrem Schöpfer und den anderen Seelen, wie es sei, als Mensch auf der Erde zu leben. Und als sie der liebe Gott dazu ermunterte, die Erfahrung des Menschseins zu wählen, stand ihrer Entscheidung nichts mehr im Wege. So weit, so gut.

Während sie so in Gedanken versunken war, wurde sie von der Krankenschwester in eine Wanne gehoben und gebadet, und zum ersten Mal spürte sie Wasser auf ihrer Haut. Es fühlte sich sehr kalt und unangenehm an und als sie ein paar Spritzer in Nase und Mund bekam, musste sie lauthals husten und schlucken und bekam dabei fast keine Luft mehr. „Mein Gott, was war denn das?", fragte sie sich erschrocken, als man sie nach dem Baden in ein kratziges Handtuch wickelte. Sie kannte kein Wasser, denn da wo sie herkam, gab es dieses Element nicht. „Na ja, das kann ja heiter werden", dachte sie und hoffte, dass das Schlimmste nun hoffentlich vorüber sei. Es war vorhin so wohlig warm im Mutterleib und alles war so friedlich und still gewesen, auch wenn sie manchmal die Angst und Unsicherheit ihrer Mutter zu spüren bekam. Sie konnte aber nicht wirklich fühlen, was Angst ist, denn es war ja nicht ihre Angst. Sie hatte nur die Energie, die ihre Mutter aussendete, gespürt, konnte aber nicht genau erkennen, welche Schwingung das war. Sie wusste nur eines, und zwar, dass sie sich enorm von der Schwingung im Himmel unterschied, denn die war viel reiner, viel höher und harmonischer. Diese Schwingung war so vollkommen, wie es die Liebe eben ist. Aber um den Unterschied zu erfahren und auch andere Frequenzen kennenzulernen, war sie ja schließlich auf die Erde gekommen. Daran konnte sie sich wieder erinnern, als sie die Krankenschwester in eine Decke hüllte und sich mit ihr auf den Weg zu ihrer Mutter machte. Obwohl die kleine Seele das erste Mal die Erfahrung des Menschseins machte, wusste sie intuitiv, dass es nun bald zur ersten Begegnung mit ihrer Erdenmutter kommen würde. Denn wie ihr einst eine Seele, mit der sie sich im Himmel unterhielt, erzählte, hatte jedes Menschenkind eine

Mutter und einen Vater. Sie wusste auch, dass Menschenkinder aus dem Bauch der Mutter kommen. Aber das hatte sie ja nun Gott sei Dank hinter sich! In ihren kühnsten Träumen hatte sie keine Vorstellung gehabt, was es heißt geboren zu werden. Selbst die genauesten Schilderungen ihrer Mitseelen im Himmel konnten nicht annähernd beschreiben, wie es sich tatsächlich anfühlte.

„Man weiß es eben erst dann, wenn man es erfährt..." Die Worte ihres Himmelvaters klangen noch in ihrem Gedächtnis nach, und plötzlich begann sie zu lächeln und stellte fest, dass das mit einem festen Körper gar nicht so einfach war. „Fein, jetzt werde ich also endlich zu meiner Mutter gebracht", dachte sie sich und freute sich schon auf die bevorstehende Begegnung. Denn als ihr im Himmel eine Mitseele das Angebot machte, ihre Mutter auf Erden zu werden, war diese wie die anderen Seelen auch voller Liebe und Wärme. Sie sagte ihr, dass sie und ihr Mann die kleine Seele als ihr Kind auf der Erde willkommen heißen würden, um ihr die Erfahrung zu ermöglichen, die sie auf der Erde machen wollte:

Nämlich zu erfahren, wer sie ist. Die kleine Seele

konnte sich noch sehr gut an das Gespräch erinnern, das sie seinerzeit mit Gott im Himmel führte, als sie ihn beim Spazierengehen traf. Er fragte sie damals, warum sie denn so nachdenklich sei. Und die kleine Seele erwiderte daraufhin, dass sie nicht genau wisse, wer sie ist. „Du bist du", sagte ihr der Himmelvater damals. „Aber du weißt erst dann, wer du wirklich bist, wenn du erfährst, wer du nicht bist. Im Himmel gibt es unendlich viele Seelen. Sie alle sind aus Liebe und Licht erschaffen, und doch ist jede von ihnen einzigartig."

Das war damals das Stichwort für die kleine Seele. Denn sie wollte unbedingt ihre Einzigartigkeit erfahren. Sie wollte es nicht nur wissen, sie wollte erfahren, wer sie ist.

„Deine Einzigartigkeit erfährst du dann, wenn du zuerst vergisst, wer du bist. Denn du musst erst vergessen, um dich erinnern zu können. Darin erkennst du deine Einzigartigkeit. Du erinnerst dich, wer du bist. Dann kannst du SEIN", erklärte ihr der liebe Gott bei ihrem letzten Zusammentreffen. Im Himmel wurde damals viel darüber gesprochen und schließlich kam die kleine Seele zu dem Schluss, dass sie diese Erfahrung selbst machen wolle. Sie kannte nämlich nur den Zustand der himmlischen Glückseligkeit und der göttlichen Liebe.

Denn sie war ein Kind Gottes, ein Teil von ALLEM WAS IST, dem ALL EINEN. Aber selbst Gott konnte nur wissen, wer er ist, als er sich entschied, das auch zu erfahren. Denn nur zu wissen, dass er ALLES WAS IST ist, war ihm zu wenig. Deshalb entschloß er sich, etwas zu erschaffen, das das Gegenteil von ALLES WAS IST ist. Nämlich ALLES WAS NICHT IST. Nur so konnte Gott auch erfahren, wer er war und ist. Eben ALLES WAS IST. Und so ist Gott regelrecht explodiert und ALLES WAS IST hat sich in unendlich viele kleine Teilchen geteilt. Durch diesen Urknall entstand ALLES WAS HIER IST und ALLES WAS DORT IST.

Dadurch konnte Gott erfahren, WO und WER er ist, denn jetzt gab es einen Bezug. Und jedes dieser einzelnen Teilchen hatte ein und den selben Ursprung, nämlich Gott und seine Liebe. Die Energie, die alles im Universum zusammenhält. Für immer und ewig. Und somit war und ist ALLES WAS IST, ALLES WAS NICHT IST und ALLES WAS IST. Das war die Entstehung des unendlichen Lebens: dem Universum.

Und das größte Geschenk, das Gott jedem einzelnen Teilchen machte, war, dass jedes dieser Teilchen einen eigenen freien Willen bekam. So konnte es nämlich selbst jederzeit entscheiden, wer und was es SEIN möchte. Und darum hat Gott jedes dieser Teilchen mit den selben Fähigkeiten ausgestattet, die auch er hatte und hat. Er hat jedes dieser Teilchen als sein Ebenbild erschaffen. So ist jedes Teilchen einzigartig und doch hängen alle Teilchen zusammen, weil sie alle den selben Ursprung haben – nämlich Gott und seine Liebe. Deshalb ist alles EINS und doch ist alles einzigartig. Die kleine Seele konnte das damals nicht so richtig verstehen, aber sie fühlte, dass das eine großartige Sache sein musste und daher entschied sie sich für ein Leben auf der Erde.

„Um zu erfahren, wer man ist, muss man auch das Gegenteil erleben. Dann kann man SEIN." Diese Worte klangen noch in ihren Ohren nach, als sie sanft auf den Bauch ihrer Mutter gelegt wurde. „Da bist du ja, mein kleiner lieber Schatz", flüsterte ihr ihre Mutter zärtlich zu und sie fühlte ihren Zeigefinger, der sie liebevoll an der Wange streichelte. Die kleine Seele wusste noch nicht, wie es sich anfühlt gestreichelt zu werden, aber sie wusste sofort, dass ihr das sehr gefiel und verzog dabei ihren Mund zu einem Lächeln, was gar nicht so leicht war. Es war völlig neu und ungewohnt, einen festen Körper zu haben und Berührungen zu fühlen. Es war aber im Vergleich zu vorhin, als sie in diesem kalten Nass gebadet wurde, ein Hochgenuss, denn das fühlte sich gar nicht gut an. Als sie die zärtlichen und beruhigenden Worte ihrer Mutter hörte, freute sie sich. Sie blickte ihre neue Mama mit großen Augen an, konnte sie aber noch nicht richtig sehen. Zu anstrengend war der erste Umgang mit ihrem neu erworbenen Körper. Immer wieder fielen ihr die Augen zu, denn sie war noch so erschöpft von den Anstrengungen der Geburt. Auch ihre Mutter war müde, denn für sie war ja die Geburt auch mit vielen Schmerzen verbunden. Und so gönnten sich beide ein kurzes Schläfchen.

Als der kleinen Seele die Augen zufielen und ihr Körper ruhig und fest schlief, schlüpfte sie aus ihrem Körper heraus und begegnete der Seele ihrer Mutter, die auch eingeschlafen war. Als die beiden Seelen über ihren Körpern schwebten, lächelten sie sich liebevoll zu.

Die Mutterseele sagte: „Hallo, schön dich wieder zu sehen. Ich freue mich, deine Mutter sein zu dürfen."

„Ich freue mich auch auf unsere gemeinsame Erfahrung", erwiderte die kleine Seele. „Ich bin auch schon ziemlich neugierig, was wir alles miteinander erleben werden."

Die Mutterseele lächelte: „Schön", sagte sie „aber ich habe eine Bitte an dich."

„Was kann ich denn für dich tun?", fragte die kleine Seele und schaute ihre Mutterseele erwartungsvoll an. Diese machte eine kleine Pause um die richtigen Worte zu finden.

„Also", sagte sie und kam der kleinen Seele ein Stück näher. „Egal, was ich tue oder nicht tue, egal wie ich mich auf der Erde dir gegenüber verhalte, bitte vergiss nie, dass ich dich liebe."

„Aber das weiß ich doch!", rief die kleine Seele überrascht. „Das musst du mir doch nicht sagen. Das spüre ich doch. Es ist doch unsere ureigenste Natur, uns alle bedingungslos zu lieben."

„Das weißt du jetzt, weil du aus deinem Körper heraus bist, aber sobald wir wieder in unseren Körpern sind, vergessen wir wieder, wer wir sind. Bei dir wird es noch eine Weile dauern, bis du vergisst, denn du bist noch neu auf der Erde. Aber bei mir ist das etwas Anderes. Ich bin erwachsen, ich habe schon längst vergessen, wer ich in Wahrheit bin."

Die kleine Seele lächelte ihre Mutterseele liebevoll an: „Mach dir keine Sorgen. Es wird das passieren, was gut ist. Vertrauen wir einfach der Schöpfung."

„Ja, du hast Recht. Das machen wir. Ich möchte dir gerne den Namen Lisa geben, wenn wir auf die Erdenwelt zurück gehen. Gefällt dir das?"

„Oja!", rief die kleine Seele erfreut, „Lisa finde ich schön. Aber bitte erkläre mir, wie das ist, das Vergessen. Ist jede Erinnerung an die Welt des Geistes sofort weg, sobald du wieder in deinem Körper bist?"

„Ja, weißt du, das ist ja der Sinn und Zweck, die Erfahrung des Getrenntseins von meiner Quelle zu machen. In meinem letzten Leben war ich sehr verbittert. Ich hatte damals sehr viel Angst. Ich wurde oft verletzt. Sowohl seelisch als auch körperlich. Meine Eltern haben mich nie geliebt und dabei sehnte ich mich so sehr nach Liebe. Deshalb wollte ich in diesem Leben eine neue Erfahrung machen. Ich möchte dir nun all die Liebe geben, die ich von meinen Eltern nie bekommen habe. Weder in diesem Leben, noch in meinem letzten. Ich möchte diese Erfahrung machen, denn ich glaube, dass ich mich selbst dann wieder mehr lieben kann. Ich möchte es einfach erfahren. Ich weiß aber auch, dass ich meine wahre Natur erst dann lebe, wenn ich Gottes Liebe in mir wieder entdecke. Denn der Glaube, einen anderen Menschen für sein eigenes Glück zu brauchen, hat nichts mit Liebe sondern mit Angst zu tun. Außerdem kann man keinem Menschen Liebe geben, die man für sich selbst nicht fühlt. Das geht einfach nicht. Ich bin diesmal auf der Erde inkarniert um enttäuscht zu werden, denn ich möchte meine Selbsttäuschung erkennen. Ich möchte wieder erfahren, wie es ist, sich selbst zu lieben. Denn ein Menschenteil in mir glaubt, dass ich die fehlende Liebe von einem anderen Menschen bekommen kann."

„Ja, von wem denn?", fragte die kleine Seele überrascht.

„Unter anderem von dir, meinem Erdenkind", erwiderte die Mutterseele.

Aus den Erzählungen Gottes im Himmel wusste die kleine Seele schon, dass es eine Illusion ist zu glauben, es sei möglich, einen anderen Menschen glücklich zu machen. Glücklich kann man tatsächlich nur sein. Sie wusste auch, dass Gottes Liebe so unendlich groß ist, dass er die Menschen nie ganz vergessen lässt, wer sie in Wirklichkeit sind. Nämlich reine, göttliche Energie. „Wenn ein Mensch glaubt, dass er die Liebe, die ihm scheinbar fehlt, von einem anderen Menschen bekommen kann um sich ganz zu fühlen, lebt er in einer Selbsttäuschung." Dieser Satz ihres Schöpfers drängte sich nun wieder in ihr Gedächtnis. Sie konnte sich auch noch genau daran erinnern, dass sich der liebe Gott aus Liebe zu seinen Geschöpfen etwas sehr Kluges hat einfallen lassen: Enttäuschungen. Nur so hatten die Menschen wieder eine neue Möglichkeit sich daran zu erinnern, wer sie sind.

„Also, mein liebes Kind", bat die Mutterseele ihre Tochterseele, „bitte enttäusche mich, denn dann kann ich mich wieder leichter daran erinnern, wer ich in Wirklichkeit bin. Auch wenn ich viele Tränen weinen und dir Vorwürfe machen werde, lass dich nicht beirren. Verzichte auf nichts in deinem Leben, nur weil du glaubst, mir damit einen Gefallen zu tun. Auch wenn ich Angst habe um dich – und dich diese Angst in deiner Entwicklung behindern wird – es ist meine Angst, nicht deine. Mach meine Probleme nicht zu den deinen. Denn meine Erfahrung auf Erden kann nur ich machen. Und deine Erfahrung kannst nur du machen. Folge deiner inneren Stimme und alles wird gut. Für uns beide. Auch wenn sich das mein Verstand ganz anders vorstellen wird, denn der wird dir die Schuld geben, wenn es mir schlecht geht. Er wird dich rücksichtslos nennen und versuchen, dich für mein Glück oder Unglück verantwortlich zu machen. Er wird dich angreifen, denn er kennt die universellen Zusammenhänge nicht. Er ist eben nur das, was er ist – ein Verstand. Das Ego, das an den Körper gebunden ist. Sobald wir wieder in unseren Körpern sind, vergessen wir. Ich noch viel schneller als du, denn ich bin schon länger auf der Erde als du. Wir Erwachsene glauben nämlich nur das, was wir hören und sehen. Wir haben nicht mehr den Glauben und die Phantasie, wie Kinder sie haben. Wir sind zu sehr damit beschäftigt uns Gedanken über die Zukunft und die Vergangenheit zu machen, anstatt in der Gegenwart zu leben. Aber Kinder können das. Wenn auch leider nicht sehr lange, denn wenn sie in die Schule kommen, wird ihnen der Ernst des Lebens gelehrt und nicht mehr die Freude und die Lust am Leben. So verlieren die Kinder nach und nach ihre natürliche Neugier zu lernen und Neues zu erforschen, denn die Erwachsenen hören nur selten auf ihr Herz und deshalb verlernen es auch ihre Kinder. Nur mit dem Herzen können die Menschen richtig sehen. Und nur die Intelligenz des Herzens kann sie vor Kummer bewahren."

Die Mutterseele nickte ihrer Tochterseele zu und sie lächelte erleichtert, als sie spürte, dass sie ihre Erzählungen über das Erdenleben nicht abschreckten. Denn es kommt vor, dass sich Seelen, sobald sie in ihren Körpern sind, anders entscheiden, weil sie erkennen, dass sie doch noch nicht bereit sind für eine Erfahrung als Mensch. Sie verlassen dann ihre Babykörper wieder und ihre Eltern sind dann über den plötzlichen Kindstod sehr unglücklich. Aber auch das wird vorher zwischen den Elternseelen und der Kinderseele besprochen, damit jeder von ihnen eine Erfahrung machen kann.

„Ja, ich weiß", sagte die kleine Seele eifrig. „Das haben mir die anderen Seelen schon im Himmel erzählt. Aber was immer auch geschieht, ich freue mich auf meine Erfahrungen. Denn deshalb bin ich ja hier. Ich will erfahren, wer ich bin. Ich will es nicht nur wissen, ich will es erfahren! Der liebe Gott sagte mir bei unserem letzten Gespräch, dass das nur möglich ist, wenn ich auch erfahre, wer ich nicht bin. Dann kann ich SEIN. Ich habe jederzeit die Wahl, was und wer ich sein möchte. Ich danke dir, dass du mir diese Erfahrung ermöglichst, denn die Erde ist der ideale Platz, um zu vergessen, wer man ist."

Die Mutterseele freute sich über die Worte ihrer Tochterseele und sie versicherte ihr, dass dasselbe auch für ihren Vater gelte: „Bitte vergiss nicht, dass dein Vater ebenfalls eine Seele ist, die dich liebt.

Aus diesem Grund hilft er dir bei deiner Erfahrung."

Die kleine Seele war erstaunt: „Wie meinst du denn das?" fragte sie, denn sie glaubte, einen eigenartigen Unterton in der Stimme ihrer Mutterseele vernommen zu haben.

„Ich meine damit, dass du lernen musst, ihm zu vergeben, wenn er dir scheinbar Unrecht tut. Aber du hast dich ja entschieden, die Erfahrung des Vergessens zu machen." Die kleine Seele nickte dabei eifrig mit dem Kopf, und ihr Lichterkranz, den sie außerhalb ihres Körpers immer noch trug, wackelte lustig hin und her. „Oh fein!", rief sie, „da freu' ich mich schon drauf! Ich bin ja so gespannt, wie das Spiel weiter geht! Unser Schöpfer hat uns nämlich erklärt, dass das Leben ein kosmisches Spiel ohne Grenzen ist."

„Du kannst dich also noch daran erinnern!", hallte es plötzlich von weit her. Freudig überrascht drehten sich die beiden Seelen um und sahen ein goldenes Licht, das so leuchtend hell war, dass ihre eigenen Lichtkörper noch stärker zu strahlen begannen. Sie fühlten plötzlich, wie sich ihre Schwingung veränderte und sie genossen den Moment der reinen

Liebe und des Glücks, der immer dann besonders intensiv ist, wenn sie ganz nah bei ihrem Schöpfer sind.

„Ach wie schön, dass du da bist lieber Gott!", riefen die beiden Erdenseelen voller Freude.

„Ich bin immer und überall, meine Lieben", sprach der liebe Gott feierlich. „Denn wann immer ihr mich braucht, bin ich bei euch. Ihr müsst nur an mich denken. Ich habe viele Gestalten, denn ich bin ALLES WAS IST und ALLES WAS NICHT IST. Ich bin in jedem Lied und in jedem Gedicht. Ich bin im Regen und in jedem Sonnenstrahl. Ich bin in jeder Blume. Ich bin der Wind, ich bin im Lachen eines Kindes und in den Tränen der Verzweifelten. Ich bin in der Angst des Todes. Ich bin in jedem Abschied und in jeder Begrüßung. Ihr fühlt mich in jeder Umarmung und in jedem liebevollen Kuss. Ihr findet mich in jeder Berührung. Ich bin das Licht hinter der Dunkelheit. Ich bin das ALL EINE. Ich bin ihr und ihr seid ich und wir alle sind EINS."

Als Gott diese Worte sprach, schien es, als stünde die Zeit still. Vergangenheit, Gegenwart und Zukunft existierten nur noch in diesem einen Moment. Und alle Lebewesen im All konnten die

Magie des Augenblicks und des ewigen Jetzt fühlen. Es gab weder Zeit noch Raum. Alles passierte gleichzeitig. Die beiden Seelen schauten voller Dankbarkeit und Demut auf ihren Schöpfer. Sie spürten die Wahrheit und die Kraft, die in seinen Worten lagen und lauschten weiter den Botschaften, die er für sie alle hatte. Denn jedes Lebewesen im All kann diese Wahrheit fühlen, sobald es seinen Geist öffnet.

„Vergesst nie, dass am Ende immer die Liebe ist. Selbst in den Augen eurer größten Feinde und Peiniger könnt ihr sie finden."

„Aber wie denn, lieber Gott?", fragte die Mutterseele, die die Erfahrung des Getrenntseins auf der Erde schon so oft gemacht hatte. Sie kannte das Leid, das einem widerfährt, wenn man als Erdenmensch nicht genug Liebe und Aufmerksamkeit bekommt. Sie wusste um das Leid und die Angst, die sie als Mensch so oft hatte. Sie wusste, was es heißt ungerecht behandelt zu werden. Sie kannte den Schmerz der Verletzungen und Demütigungen durch andere Menschen.

Der liebe Gott lächelte sie gütig an: „Durch Vergebung", sagte er leise, „durch Vergebung."

Es wurde ganz still. Man konnte die Spannung spüren, die nun in der Luft lag und der liebe Gott fuhr langsam fort: „Denn am Ende ist immer die Liebe. Sie ist der kleinste und der größte gemeinsame Nenner. Sie ist eure wahre Natur, denn ich habe euch als meine Ebenbilder erschaffen. Jedes einzelne Teilchen hat die Eigenschaften, die auch ich habe. Wenn ihr anderen Menschen vergebt, die euch scheinbar verletzt haben – denn in Wahrheit können sie das gar nicht – dann erinnert ihr euch daran, wer ihr seid. Wenn ihr Verantwortung für euch und eure Gefühle übernehmt, dann seid ihr wieder auf dem Weg nach Hause. Ihr habt jederzeit die Wahl. Auch wenn ihr Angst habt, weil ihr vergessen habt, wer ihr seid: In euren Herzen, so sehr ihr sie auch verschlossen habt, könnt ihr immer Liebe und Frieden finden. Ihr müsst euch nur entscheiden. Das ist eure wahre Natur. Alles andere ist Illusion. Auch wenn das eurem Verstand niemals einleuchten wird."

„Ja, ich weiß", seufzte die Mutterseele, „deshalb möchte ich ja in diesem Leben die Erfahrung der Enttäuschung machen. Ich habe mich dafür entschieden, weil ich mich diesmal schon auf der Erde erinnern möchte, wer ich bin." Sie schaute liebevoll auf ihre Tochterseele und fügte leise hinzu: „Und du hilfst mir dabei, nicht wahr?"

„Oja!", rief Lisa „wir werden uns gegenseitig helfen, weil wir uns lieben. Ich bin auch schon sehr neugierig auf unser gemeinsames Abenteuer."

„Nun gut, dann laß uns wieder in unsere Menschenkörper zurückgehen. Auf der Erde werde ich dir alles zeigen, was du wissen musst, um in deinem Körper zu existieren. Das ist nämlich am Anfang gar nicht so einfach!", rief die Mutterseele lachend.

„Wie meinst du denn das?", fragte die kleine Seele wissbegierig.

„Du wirst schon sehen ... hab' Geduld und vertrau' mir ..."

„Na dann, los geht's!", rief die kleine Seele und flog wieder auf ihren kleinen Menschenkörper zu.

„Hmm, was ist denn jetzt los? Wer ist denn das?", fragte sich Lisa, als sie eine tiefe und laute Stimme hörte.

„Nicht so fest, Richard. Sei bitte vorsichtig", hörte sie die mittlerweile vertraute Stimme ihrer Mutter flüstern.

„Ja, ja", erwiderte die dunklere Stimme, nun bemüht, ein wenig leiser zu sprechen, „natürlich passe ich auf. Hallo, du kleiner Schatz. Herzlich willkommen, ich bin dein Vater."

Lisa versuchte vorsichtig ihre Augen zu öffnen, hatte aber noch Probleme damit, weil sie so müde war. Außerdem war das Licht so hell und überhaupt war alles so ungewohnt. Sie fühlte sich, sobald sie in ihrem Körper aufwachte, sehr eingeengt und schwer. Es war so ganz anders, einen festen Körper zu haben und ihre Seele wanderte immer wieder zwischen ihrer Traumwelt und der Erdenwelt hin und her.

Mit dem Lichtkörper, der im Grunde nur aus einem Gedanken besteht und jederzeit eine andere Gestalt annehmen kann, war das viel einfacher. Den konnte sie auch jederzeit verändern. Sie musste sich das nur in Gedanken vorstellen. Jetzt, mit ihrem

Erdenkörper, war das ganz etwas Anderes. Jedoch war sie nicht weiter beunruhigt, denn über das Phänomen der festen Materie auf der Erde hatte sie ja schon viel im Himmel gehört. Eine Seele, die schon Erdenerfahrung hatte, hatte ihr das damals ganz genau erklärt. Und jetzt, wo sie einen eigenen Körper besaß, konnte sie es endlich selbst fühlen und bewusst erfahren, wie es ist. Sie hatte ja nicht die geringste Ahnung. Es war gar nicht so leicht. Aber wie hatte ihre Mutter gesagt? „Ich werde dir alles zeigen, was du wissen musst – vertrau' mir ...."

„Wie beruhigend", dachte sich die kleine Seele und schlief zufrieden mit sich und der Welt ein.

Als sie wieder in ihre Traumwelt zurückkehrte, traf sie im Geiste ihre Seelenfreunde. Nach einer freudigen Begrüßung scharten sich ihre Freunde um sie, neugierig, was ihnen die Erdenseele erzählen würde.

„Komm, sag schon!", rief eine besonders ungeduldige Seele: „Wie fühlt es sich denn an, wenn man einen Menschenkörper hat?"

„Es ist sehr – ", Lisa rang nach den richtigen Worten, „ungewöhnlich und neu", bemühte sie sich, ihre Empfindungen zu beschreiben. „Meine Geburt auf der Erde war mit Abstand das aufregendste Erlebnis, das ich je hatte. Nichts, was ich bisher im Himmel erlebt habe, ist vergleichbar mit dem Abenteuer Menschsein."

„Wie meinst du denn das? Bitte erkläre uns das etwas genauer!", riefen die anderen.

„Ja, bis vor kurzem konnte ich es mir auch nicht vorstellen. Aber jetzt, wo ich einen festen Körper habe, ist das etwas Anderes. Es ist einfach. Ich habe auf einmal Gefühle, die ich vorher nicht kannte. Ich habe Empfindungen, die in direkter Verbindung mit meinem festen Körper stehen. Es ist aber auch sehr anstrengend, denn ich fühle mich so schwer darin. Er gehorcht mir auch noch nicht richtig. Ich kann meine Bewegungen nicht kontrollieren. Das ist sehr ungewohnt. Im Himmel konnte ich alles, was ich machen wollte, alleine durch meine Gedanken entstehen lassen. Sobald ich an etwas dachte, war es auch schon Realität. Ich habe nicht darüber nachgedacht, wie ich etwas oder mich selbst bewege – ich habe es einfach getan. Es war ganz selbstverständlich. Das kann ich mit meinem Körper nicht. Ich habe eine viel langsamere Schwingung, sobald ich in meinem Körper bin. Wenn ich aber einschlafe, dann ist mein Geist wieder frei und meine Seele kann euch treffen und sich mit euch unterhalten. Im Himmel geschieht jede Unterhaltung lautlos, durch Gedankenübertragung. Da ist es trotz einer regen Diskussion angenehm still. Auf der Erde ist das ganz anders, denn da geben die Menschen Töne von sich, die sie mit ihren Ohren hören müssen, um zu verstehen. Das kann mitunter sehr laut und sehr unangenehm sein, weil es in den Ohren weh tut."

„Weh tut?", fragte eine Seele erstaunt, weil sie nicht wusste, was „wehtun" bedeutete.

In der Zwischenzeit gesellte sich der liebe Gott wieder dazu, weil er wissen wollte, wie es der neuen Erdenseele denn so ging. „Willkommen mein liebes Kind", begrüßte er sie freundlich. „Na, wie fühlst du dich mit deinem neuen Körper?"

„Na ja", sagte die kleine Seele noch etwas skeptisch. „Das kann ich noch nicht so genau sagen. Es ist schon alles sehr ungewohnt." Sie strich sich über die Stelle, wo sich ihr Ohr befand: „Ich weiß nun auch schon, was es heißt, wenn einem etwas weh tut. Das konnte ich mir nämlich vorher gar nicht vorstellen. Ich weiß noch als eine Seele erzählte, dass sie damals als Mensch, blaue Flecken hatte, die ihr furchtbar weh taten. Jetzt weiß ich, was damit gemeint war: Der Körper sendet, wenn er weh tut, Reize aus, die dieses Unbehagen auslösen. Das hängt damit zusammen, dass auf der Erde alles fest ist, denn die Erde ist der Planet der Materie. Verdichtete Gedanken, also Energie."

Die Spannung ihrer Zuhörer stieg fast ins Unermessliche als sich der liebe Gott wieder in das Gespräch einschaltete:

„Die Erdenbewohner glauben nicht an die Kraft ihrer Gedanken."

„Aber warum denn nicht?", fragte eine Seele verwundert. Und als die anderen ihrer Frage eifrig zustimmten erwiderte der liebe Gott geduldig:

„Weil sie es nicht glauben wollen. Aber das habe ich euch schon bei unserem letzten Treffen ausführlich erklärt. Denn um zu wissen, wer man ist ..."

„... muss man zuerst erfahren, wer man nicht ist", vollendeten die Seelen im Chor den Satz.

„Genau", sagte der liebe Gott und lächelte amüsiert über den Eifer seiner Seelen. „Aber stellt euch einfach vor, dass die Menschen, sobald sie Körper haben, auch einen Verstand bekommen. Dieser Verstand, der im Kopf sitzt, weiß nichts über die Kraft des Geistes. Der Verstand ist nämlich nur ein Werkzeug. Sein Wissen ist begrenzt. Er hilft den Menschen, damit sie sich auf der Erde zurecht finden. Er ist wichtig, damit sie Zusammenhänge, die für sie lebensnotwendig sind um als Körper zu existieren, verstehen. Ihr Verstand hilft ihnen, Informationen zu speichern und abzurufen. Er erleichtert ihnen das alltägliche Leben, das sich bei den Menschen in Raum und Zeit abspielt. Ihr Verstand braucht diese Vorstellung der Grenzen, damit er sich selbst versteht. Er ist ein genialer Biocomputer, der den Menschen dient. Ihr wahrer Meister ist aber ihr Herz, das sie mit ihrer Quelle, dem ALLES WAS IST, also mit mir und meiner Liebe verbindet."

Die Seelen lächelten verträumt vor sich hin, als sie die Liebe in den Worten ihres Schöpfers fühlten und wieder wurde ihnen bewusst, wie wundervoll dieses Geschenk, das Gott sich selbst und ihnen machte, ist.

„Wie ihr alle wisst, lebt ihr im Reich der unbegrenzten Möglichkeiten und des reinen Geistes. Alle Ideen sind hier im Überfluss vorhanden. Ihr müsst nur euren Geist öffnen und neue Ideen können einfallen. Ihr seid euch dieser Tatsache bewusst, denn ihr könnt alleine durch eure Gedanken alles verwirklichen, was immer euer Herz begehrt. Es bleibt jeder Seele selbst überlassen, was und wer sie sein möchte und was sie verwirklichen möchte. Ihr laßt euch einfach inspirieren. Hier im All gibt es weder Raum noch Zeit. Deshalb sind die Möglichkeiten auch unbegrenzt. Und was ich euch immer wieder sage: Lebt euer Leben! Experimentiert und findet heraus, wer ihr sein möchtet – und es wird geschehen. Die Wahl, ein Leben auf der Erde zu leben, ist nur eine von unendlich vielen Möglichkeiten. Ihr seid Geschöpfe – alle als mein Ebenbild erschaffen. Und deshalb ist jedes Teilchen Schöpfer seines eigenen Lebens. Ihr wisst das. Aber wirklich SEIN könnt ihr erst, wenn ihr es auch erfahrt. Und nur ihr selbst entscheidet, welche

Erfahrung für eure Entwicklung wichtig ist und welche nicht. Daher gibt es unendlich viele Möglichkeiten dieses kosmische Spiel zu spielen, weil das Leben selbst unendlich ist. Alles passiert gleichzeitig und immer nur zu einem einzigen Zeitpunkt – nämlich HIER und JETZT. Ihr lebt das einfach, und für euch im Himmel ist es so, wie es ist. Auf der Erde ist das nicht so. Dort ist das Denken der Menschen begrenzt. Die Menschen leben in der Illusion, getrennt zu sein von der Schöpfung. Denn ihr Verstand glaubt nur das, was er hört und sieht. Aber das habe ich euch schon das letzte Mal erklärt."

Obwohl fast alle Seelen die Geschichte schon gehört hatten, war es für sie genauso aufregend wie beim letzten Mal. Sie konnten einfach nicht genug kriegen von den spannenden Geschichten und wollten noch mehr über die Erde und ihre eigenartigen Bewohner erfahren. Sie baten daher den lieben Gott, er möge doch weiter erzählen.

„Gerne meine Lieben", antwortete der liebe Gott auf ihre Bitte und freute sich, dass er so wissbegierige Seelen erschaffen hatte. „Stellt euch vor, dass ihr vergesst, wer ihr seid. So ist das nämlich bei den

Menschen. Sie haben vergessen, dass sie meine Ebenbilder sind. Sie glauben zwar an einen Gott, aber dieser Gott ist in ihrer Vorstellung ein strafender und rachsüchtiger Gott. Sie glauben, dass sie nur dann gute Menschen sind, die nach ihrem physischen Tod in den Himmel kommen, wenn sie auf der Erde möglichst viele Entbehrungen auf sich nehmen."

„Das klingt aber nicht nach sehr viel Freude", bedauerte eine Seele mitfühlend.

„Da hast du Recht, mein liebes Kind", bestätigte der liebe Gott ihre Bedenken. „Das ist ein großes, wenn nicht das größte Problem, das sich die Menschen da durch ihr kollektives Denken geschaffen haben. Sie glauben, dass ich ihnen böse bin, wenn sie Lust und Freude am Leben haben."

„Aber warum denn das?", riefen die Seelen entsetzt.

„Ja, das ist eine komplizierte Sache, die für euch nicht so leicht zu verstehen ist", erwiderte der liebe Gott lächelnd.

„Das macht nichts!", riefen die Seelen ungeduldig. „Erzähl trotzdem weiter. Wir versuchen es zu verstehen."

„Nun gut", meinte der liebe Gott schmunzelnd und fuhr mit seiner unglaublichen Geschichte fort. „Wie ihr ja jetzt bereits wisst, haben die Menschen einen Verstand. Dieser lässt sie glauben, dass sie getrennt sind von Gott und seiner Liebe. Das war die Geburt des Egos, und darin besteht die sogenannte Sünde der Menschen, die manche von ihnen Erbsünde nennen. Sobald der Verstand der Menschen glaubt, eine Sünde begangen zu haben, ist es für ihr Denken unausweichlich, dass sie sich für das schuldig fühlen, was sie vermeintlich getan haben. Aber das Phänomen Schuld habe ich euch doch auch schon beim letzten Mal sehr ausführlich erklärt."

„Ja, das stimmt, lieber Gott, aber wir möchten es noch einmal hören. Bitte erzähle weiter", bettelte eine Seele, weil sie das ganz besonders interessierte. Auch Lisa, die Erdenseele, war neugierig, denn sie wollte so viel wie möglich über die Menschen und ihre Gepflogenheiten erfahren. Denn schließlich ging sie ja bald wieder in ihren Körper zurück. Und sie hatte das Gefühl, dass es gut für sie sei, wenn sie schon vorher so viel wie möglich über die Irrtümer der Menschen erfuhr.

„Gut meine lieben Kinder, wenn ihr es so wollt", erwiderte der liebe Gott lächelnd und erzählte weiter: „Hier im Himmel gibt es weder Raum noch Zeit. Deshalb kennt ihr auch weder Vergangenheit noch Zukunft. Im Himmel passiert alles gleichzeitig, da gibt es nur das ewige Jetzt. Deshalb gibt es bei uns auch keine Schuld. Bei den Menschen ist das anders. Sie unterteilen die Zeit. Ihr Verstand braucht das, um sich zu orientieren. Und Schuld ist immer an konkrete Ereignisse aus der Vergangenheit geknüpft. Sie ist die Summe aller negativen Gefühle und Überzeugungen, die die Menschen mit sich selbst und anderen gemacht haben. Schuld kann sich also in Form von Selbsthass oder Versagensangst äußern oder in dem Gefühl, einen inneren Mangel oder eine Leere zu fühlen, die Angst macht. Der größte Teil der Schuld liegt im Unbewussten der Menschen."

„Was ist denn das Unbewusste?", warf eine Seele ihre Frage kurz ein.

„Ja, das macht es für die Menschen schwierig. Die meisten Erfahrungen, die anzeigen, wie schlecht sich die Menschen wirklich fühlen, liegen unterhalb ihrer eigenen Bewusstseinsschwelle. Das heißt, sie können sich nicht an den wahren Grund ihrer seelischen Qualen erinnern. Denn die eigentliche Quelle all der Schuld ist der Glaube des Egos, dass es durch die Trennung von Gott gesündigt hat. Und eine weitere Eigenart der Menschen besteht darin zu glauben, dass sie dafür bestraft werden."

„Aha, jetzt wird mir einiges klar!", rief Lisa erfreut. „Das macht den Menschen so große Angst."

„Richtig, mein Kind", sagte der liebe Gott lächelnd. „Du hast das Problem der Menschen genau auf den Punkt gebracht. Sie haben Angst, von Gott bestraft zu werden und obwohl das überhaupt keinen Sinn ergibt, halten die Menschen an diesen Überzeugungen fest. Sie glauben auch, dass je gottesfürchtiger sie sind, desto eher können sie einer Strafe entgehen. Und deshalb dreht sich auf der Erde alles um Schuld und Sühne. Und da diese Überzeugungen so tief in ihren Köpfen und ihrem Gedächtnis vergraben sind, kommen die Menschen nicht so schnell auf ihre Irrtümer."

Es war ganz still unter den Seelen und obwohl sie dieses Denken der Menschen nicht verstehen konnten, waren sie ganz gespannt wie es weitergeht.

„Der Gott, den sich die Menschen geschaffen haben, ist in Wirklichkeit das Abbild ihres Egos. Und kein Mensch kann diesen Grad an Angst und Schrecken, dieses Ausmaß an Selbsthass und Schuld in seinem Bewusstsein zulassen und dabei leben. Es wäre schlicht unmöglich mit diesem Ausmaß an Angst zu existieren. Es würde die Menschen vernichten. Sie mussten deshalb einen Weg finden, damit zurechtzukommen. Da sie ja mich nicht um Hilfe bitten können, weil sie mich innerhalb ihres Egos bereits zum Feind gemacht haben, ist die einzige Zuflucht, die sie noch haben, das Ego selbst. Deshalb bitten Sie ihr Ego um Hilfe und sagen ihm, es soll etwas unternehmen. Ihr Ego hilft ihnen gerne dabei, denn es möchte ja nicht entlarvt werden. Es möchte nicht, dass die Menschen ihre eigene Göttlichkeit, ihr wahres Selbst entdecken, denn das wäre ja das Ende des Egos. Deshalb haben die Menschen, also ihr Ego, Heilmethoden entwickelt, die sie zwar weiterhin in ihrer Illusion lassen, aber die ihnen Linderung versprechen. Sie beschäftigen sich mit der kranken Psyche der Menschen. Die Menschen nennen das Psychologie. Leider erkennen die Menschen bisher nur sehr selten, dass die gesamte Psyche eine Abwehr gegen ihr wahres Selbst ist. Die Menschen fürchten sich oft derart vor ihrer eigenen Spiritualität, dass sie ein Denksystem konstruierten, das der Bedrohung durch den reinen Geist standhält. Die gesamte klassische Psychologie begründet sich auf diesen Irrtum."

„Das ist ja sagenhaft!", riefen die Seelen durcheinander. „Aber wie ist denn das möglich? Wie können die Menschen nur so lange in dieser Illusion des Getrenntseins leben?"

„Solange wie sie sich dafür entscheiden", antwortete ihnen der liebe Gott lächelnd.

„Aber das raubt ihnen doch ihre ganze Kraft", meinte Lisa, die Erdenseele, nachdenklich.

„Das stimmt", pflichtete ihr der liebe Gott bei, „aber das ist den Menschen nicht wirklich bewusst, denn sie glauben, das sei normal."

„Normal! Was heißt denn normal?", rief eine andere Seele dazwischen.

„Wenn viele Menschen das gleiche machen, dann ist das für sie normal. Die Menschen vergleichen nämlich ihr Denken und ihr Verhalten immer mit dem Verhalten anderer Menschen. Und das wird dann bewertet. Und wenn möglichst viele Menschen ähnlich denken, dann finden sie das richtig. Wenn ein Mensch aber außerhalb der allgemein gültigen Wert- und Moralvorstellungen denkt, lebt und handelt, dann bezeichnen ihn die anderen als abnormal oder verrückt. Das kann sogar so weit führen, dass solche Menschen eingesperrt werden, damit die, die richtig denken, nicht von denen, die falsch denken, bedroht werden."

„Ahaa, so ist das", murmelten die Seelen vor sich hin und ihr Schöpfer fuhr mit seinen Ausführungen fort:

„Die Moralvorstellungen der Menschen ändern sich aber laufend, so dass vieles, was sie früher für falsch gehalten haben, kurze Zeit später plötzlich richtig ist und umgekehrt. Das war und ist immer eine Frage der Wahl. Deshalb ist es den Menschen wichtig, was andere Menschen über sie denken. In der Geschichte der Menschheit wurden solche, die sich an ihre Göttlichkeit schon zu Lebzeiten erinnert haben, immer wieder verfolgt und oft sogar getötet. Denn das Ego mag es nicht, entlarvt zu werden."

„Aber wie schafft es das Ego trotz vieler Enttäuschungen, so lange in dieser Selbsttäuschung zu leben?", fragte Lisa ganz erstaunt.

„Das ist eine sehr kluge Frage, mein Kind", erwiderte der liebe Gott, „und ich werde versuchen, es dir so verständlich wie möglich zu machen: Wenn die Menschen ihr Ego um Hilfe bitten, dann hilft es ihnen dabei, ihre Angst und Schuld zu verdrängen. Die Menschen lenken sich dann von ihren Problemen ab und tun so, als ob es diese Angst in ihnen nicht gäbe. Das ist natürlich auf Dauer nicht möglich, denn auf irgendeiner Ebene wissen sie dennoch, das die Schuld da ist. Also wenden sie sich wieder an ihr Ego und sagen ihm, dass es sich jetzt etwas anderes einfallen lassen muss, weil die Verleugnung nicht mehr funktioniert."

„Und was?", fragten alle Seelen im Chor. Man konnte die Spannung unter ihnen spüren, denn sie konnten sich beim besten Willen nicht vorstellen, wie das Ego der Menschen darauf reagieren würde.

„Sehr einfach", erwiderte der Himmelvater und die Spannung stieg ins Unermessliche. Zu paradox war die Denkweise der Menschen für die Seelen im Himmel. „Die Menschen übertragen die Schuld auf andere Menschen. Sie geben die Schuld, die sie unbewusst in sich fühlen, jemand anderem. Das passiert oft, wenn Menschen unglücklich sind. Sie geben die Schuld dafür ihren Mitmenschen und ihr Ego glaubt dann, es ist seine Schuld los. Was natürlich niemals möglich ist. Denn es gibt ja in Wirklichkeit gar keine Schuld und somit kann man sie auch nicht weitergeben. Aber die Menschen suchen und finden für alles einen Sündenbock. Und das ist das Drama der Menschen. Denn dadurch setzten sie ein sehr ungesundes und kräfteraubendes Spiel in Gang, das aus Angriff und Verteidigung besteht. Und so entstehen auf der Erde Kriege. Sowohl im Kleinen wie auch im Großen."

„Das klingt aber sehr weit hergeholt", bemerkte eine Seele trocken.

„Ist es auch", stimmte ihr der liebe Gott zu. „Aber eines Tages werden die Menschen sich wieder an die Wahrheit erinnern und sie können wieder neu wählen."

„Was macht dich da so sicher?", fragte eine Seele ein wenig skeptisch.

Ihr Schöpfer lächelte sie gütig an: „Weil sich alle Menschen nach Liebe sehnen. Das war und wird immer ihre wahre Natur sein. Diese Sehnsucht nach Liebe läßt sie niemals verloren gehen, denn die Wahrheit liegt tief in ihren Herzen vergraben und ist unauslöschlich. Das ist mein Geschenk an alle Seelen. Aber der Verstand der Menschen ist so übermächtig geworden, dass er versucht, ihre wahre Natur zu leugnen. Auch wenn ihm das niemals gelingen wird, empfinden die Menschen das so, denn sie leben ja, wie wir mittlerweile wissen ..."

„... in der Illusion des Getrenntseins!", vollendeten die Seelen den Satz im Chor.

„Richtig, und das ist die Realität der Menschen. Was die meisten aber nicht wissen, ist, dass sie sich ihre Realität durch ihr Denken selbst erschaffen."

„Ja klar!", rief eine Seele übermütig, „wir können ja auch alles machen was wir wollen, sobald wir daran denken. Denn was wir denken, ist."

„Genau mein Kind", stimmte ihr der liebe Gott zu, „nur für euch besteht kein Zweifel, dass ihr das könnt. Ihr macht es einfach, weil euch die geistigen Gesetze vertraut sind. Bei den Menschen ist das ganz etwas Anderes. Sie vertrauen den Gesetzen der Materie mehr, als den geistigen Gesetzen. Wir wissen, dass der Geist die Materie erschafft. Oder besser gesagt, das, was wir denken, ist sofort Realität. Die Menschen sehen das nicht so. Sie glauben, dass ein Gott, der irgendwo außerhalb von ihnen (oder gar nicht) existiert, das Universum zufällig erschaffen hat und die Menschen ohne tieferen Sinn sich irgendwie entwickelt haben. Sie glauben, das Ganze war eine Laune der Natur und sehen keine größeren geistigen Zusammenhänge hinter ihrer Evolutionsgeschichte."

„Oh, das ist aber eine eigenartige Denkweise", raunte die Menge.

„Es ist nicht eigenartig. Es ist, wie es ist.", erwiderte der liebe Gott einfach. „Nicht mehr und nicht weniger. Die Menschen haben sich bisher entschieden, so zu denken. Aber weil sie Kreaturen sind, haben sie die Kreativität in sich, diese Realität jederzeit zu verändern. Ich schicke ihnen auch heute noch immer wieder Lehrer, die ihnen dabei helfen, sich zu entwickeln und dadurch ihr wahres Potenzial wieder zuzulassen."

„Gott sei Dank!", rief eine Seele und freute sich über das Gelächter, das sie damit auslöste.

„Ja", sagte der liebe Gott und lachte herzhaft „Gott sei Dank! Leider ist es aber nicht immer so einfach, die Leute davon zu überzeugen, dass sie selbst es sind, die ihr Leben bestimmen können."

„Ja, warum denn das?!", riefen die anderen erstaunt.

„Weil die Menschen Angst davor haben umzudenken. Sie empfinden es als äußerst schwierig alte Gewohnheiten und Glaubenssätze loszulassen und zu verändern. Ihr Verstand, der es liebt, Sicherheiten in seinen Gewohnheiten zu finden, versorgt sie, sobald sie ihre Denkweise und ihr Leben verändern möchten, mit Zweifeln und Ängsten."

Die Seelen schüttelten ihre Köpfe. Zu kompliziert und paradox erschien ihnen diese Art zu denken. Aber das Gefühl der Angst kannten sie nicht und deshalb konnten sie das auch nicht wirklich verstehen. Trotz ausführlicher Erklärungen ihres Schöpfers. Aber gerade das machte ja die Geschichte besonders spannend.

„Bisher haben sich die Menschen dazu entschieden, den Lehrern nicht zu glauben. Denn jeder Lehrer und jede Lehrerin die ich ihnen geschickt habe, wurden missverstanden oder sogar getötet."

„Getötet?", fragten die Seelen entsetzt, weil sie ja wussten, dass der Geist unsterblich ist.

„Ja, getötet", entgegnete der liebe Gott. „Die Menschen sind manchmal sehr selbstzerstörerisch. Sie wissen nicht, dass sie das, was sie nur einem Einzigen unter ihnen antun, sich selbst antun. Denn alles ist EINS. Wenn sie diese Botschaft, die ihnen schon vor langer, langer Zeit einer meiner Lehrer überbrachte, beherzigen würden, dann würde die Erde zum Paradies werden. Aber die Menschen sind so in ihren Körpern und ihrem Verstand verhaftet, dass ihre Körper sterben, wenn der Geist nicht so benutzt wird, wie er benutzt werden könnte."

„Wie meinst du denn das, lieber Gott?", rief Lisa, die Erdenseele, dazwischen, die die Erklärungen ihres Schöpfers besonders interessant fand.

„Solange die Menschen glauben, dass sie sterben, werden sie sterben. Solange sie glauben, dass die Haltbarkeit ihrer Körper begrenzt ist, ist sie begrenzt. Sie glauben zu wissen, dass das ein Naturgesetz ist. Das sagen ihnen ihre Wissenschaftler und Ärzte. Und die gründen ihr Wissen auf ihre Beobachtungen und Erfahrungen. Und weil ihre Erfahrungen so sind, wie sie es erwarten, ist es für sie, das heißt ihren Verstand, logisch, dass es für immer so sein wird."

„Das ist wirklich unvorstellbar!", rief eine Seele voller Verwunderung.

Der liebe Gott lächelte ihr zu: „Ja, so sind meine Menschenkinder. Unglaublich kreativ. Es gehört doch sehr viel Kraft und Energie dazu, seine wahre Natur zu verleugnen. Wenn die Menschen nur einen Bruchteil der Energie, die sie für ihre Selbstverleugnung verwenden, in andere, glücksbringendere Bahnen leiten würden, dann könnten sie jedes Wunder vollbringen und sich und ihren schönen Planeten in ein Paradies verwandeln."

„Aber was hindert denn die Menschen daran, das zu tun?", rief eine Seele nun sehr ungeduldig, weil ihr offenbar so viel Unverständnis für die eigene Schöpferkraft nicht in den Sinn wollte.

„Oh, da gibt es viele Gründe", antwortete der liebe Gott ruhig. „Einer davon heißt Angst."

„Aber Angst wovor!", riefen nun alle Seelen und man konnte ihre wachsende Ungeduld über die Kompliziertheit der Menschen deutlich spüren.

„Nur die Ruhe, meine lieben Seelen. Habt Geduld mit den Menschen. Sie werden sich eines Tages besinnen."

„Hoffentlich", seufzte Lisa, die Erdenseele, die nun nicht mehr ganz so begeistert von er Vorstellung war, wieder in ihren Körper zurückzugehen.

„Aber ja", beruhigte sie der liebe Gott. „Es sei denn, sie entscheiden sich anders. Die Menschen haben nämlich immer und zu jeder Zeit die Wahl. Ihr wisst ja, jedes einzelne Teilchen, jedes Geschöpf im Universum hat einen freien Willen selbst zu entscheiden, was und wer es sein möchte. Viele Menschen sind sich dessen aber meist nicht bewusst. Sie glauben nur an das, was sie sehen und hören und was ihnen ihr Verstand sagt. Nur selten verlassen sie sich auf die Intelligenz ihres Herzens. Alle Menschen haben eine innere Stimme, die ihnen immer den richtigen Weg weist. Aber sie haben verlernt dieser inneren Stimme zu vertrauen."

„Das ist aber schade!", rief eine Seele voller Mitgefühl für die verlorenen Seelen auf der Erde.

„Es ist, wie es ist", entgegnete der liebe Gott weise. „Jeder Mensch hat immer wieder aufs Neue die Wahl."

„Da bin ich aber froh das zu hören!", rief Lisa, die Erdenseele, und nickte dem lieben Gott erleichtert zu.

Der liebe Gott strich ihr über den Lichterkranz und fuhr mit seiner Erklärung fort:

„Auf der Erde gibt es Organisationen, die diese Angst schüren. Sie nennen sich die Vertreter Gottes und geben vor, die Menschen vor der Hölle zu bewahren. Sie setzen auf die Angst und Schuld ihrer Schäfchen und haben im Namen Gottes Gebote und Schriften verfasst, die sie streng kontrollieren. Alle, die sich nicht an den Inhalt dieser Schriften halten, sind für sie Sünder, was natürlich nicht stimmt. Denn wie ich euch zuerst erklärt habe, ist die Sünde ein Konstrukt des Egos und hat nichts mit Gott zu tun. Denn ihr seid ich und ich bin ihr und wir alle sind EINS. Deshalb sage ich euch, dass keine einzige Seele in meinem Universum schuldig ist. Es sei denn, sie selbst will es glauben. Aber wenn sich die Menschen wieder an mich und meine Liebe erinnern, dann ist es unmöglich Angst zu haben. Denn Angst und Liebe schließen einander aus. Aber mit dieser Angst arbeiten die Institutionen der Menschen und je größer die Angst, um so größer die Entfernung von ihrem wahren Selbst. In meinem Namen wird manipuliert um die Macht ihrer Institutionen zu sichern. Die Menschen sind zu gottesfürchtig oder gar gottlos geworden. Beides trennt sie in ihrer Vorstellung von mir. Und weil die Menschen so denken, ist es für sie auch so. Ihre Einsamkeit wird zu ihrer Realität. Und durch die Saat ihrer Überzeugung ernten sie auch die Bestätigung. Und dann haben sie – so glauben sie zumindest – Recht. Denn Recht zu haben ist besonders wichtig für die Menschen und ihr Ego. Wenn sie sich nämlich im Recht fühlen, dann geht es ihnen kurzfristig scheinbar gut. Sie fühlen sich dann anerkannt und geliebt. Und weil sie vergessen haben, dass ihre wahre Natur die Liebe ist, sehnen sie sich danach, und ihr Ego hilft ihnen auf seine Art, diese Sehnsucht zu stillen. Das endet fast immer sehr tragisch für die Menschen. Denn wenn die Menschen glauben, im Recht zu sein, dann fühlen sie sich besser als die, die ihrer Meinung nach im Unrecht sind."

„Aha", raunten die Seelen und als der liebe Gott fortfuhr, war es auch sofort wieder mucksmäuschenstill.

„Wie ich euch das letzte Mal schon erklärte, ist die Erde der Planet der Gegensätze. Da kann das eine nur in Bezug zum anderen existieren. Und deshalb unterscheiden die Menschen zwischen Gut und Böse und zwischen Richtig und Falsch. Sie müssen alles bewerten, damit sie für ihren Verstand Richtlinien festsetzen können."

„Die Menschen machen es sich selbst schon besonders schwer", bemerkte eine Seele und der liebe Gott nickte zustimmend mit dem Kopf.

„Ja, das stimmt, aber das gehört eben alles mit zum Spiel. Die Menschen selbst haben so entschieden, denn jeder einzelne von ihnen hat jederzeit die Wahl, einen anderen Weg zu gehen."

„Genau", stimmte Lisa, die Erdenseele, dem lieben Gott zu, „die Menschen brauchen nur auf ihr Herz zu hören, denn das gibt ihnen alle Lösungen für ihre Probleme und sie finden alle Antworten auf ihre Fragen. Und doch handeln die meisten Menschen gegen ihre inneren Überzeugungen, gegen die Liebe und gegen ihre wahre Natur."

„So ist es, mein liebes Kind", sagte der liebe Gott. „Im Herzen gibt es keine Trennung, denn dort finden sie alles, was sie brauchen, um jedes Problem zu lösen. Das Herz verbindet die Menschen mit mir und meiner Liebe und dem Reich der unbegrenzten Möglichkeiten. Dort finden sie alle Antworten, die sie brauchen um ein erfülltes Leben zu leben. Sie brauchen die universelle Intelligenz nur anzuzapfen, und alle Ideen und Inspirationen werden ihnen einfach und leicht zufallen. Denn da, wo ich bin, gibt es keinen Mangel. Dort ist alles im Überfluss vorhanden. Kein einziges Lebewesen bräuchte je Angst oder Zweifel zu haben, denn es wird immer mit allem versorgt, was es braucht. Das ist ein geistiges Gesetz: Jeder Gedanke führt zu einer Handlung. Jeder Gedanke verwirklicht sich. Das ist mein Geschenk an euch. Deshalb ist es so wichtig, dass die Menschen erkennen, welche Gedanken sie so den ganzen Tag haben. Denn alles, was ihnen im Außen begegnet, ist ein Produkt ihrer bewussten und unbewussten Gedanken. Wenn den Menschen ihr Leben also nicht gefällt, dann müssen sie nur die Art ihrer Gedanken ändern. Denn das, worauf sie sich gedanklich konzentrieren, wächst. Darin finden sie ihre Freiheit."

Für die Seelen war das klar, denn sie kannten nur die universelle Wahrheit und daher war es auch so unglaublich für sie, dass es Lebewesen gab, die sich dessen nicht bewusst sind.

„Puh, das ist ganz schön schwierig nachzuvollziehen, lieber Gott", stöhnten ein paar, denen der Lichterkranz schon schwirrte.

„Ja, mein Kind", stimmte der liebe Gott mitfühlend zu. „Wir machen jetzt auch eine kleine Pause, damit ihr euch ein wenig entspannen könnt."

Die Seelen waren dankbar für die Unterbrechung, denn sie merkten erst jetzt, wie gespannt sie den Erzählungen ihres Schöpfers gelauscht hatten. Sie verabschiedeten sich von Lisa, der Menschenseele, und hüllten sie dabei in Licht und Liebe, damit sie fühlen konnte, wie sehr sie von ihren Mitseelen geliebt wird. Der liebe Gott lächelte dabei voller Freude und segnete jede einzelne von ihnen und dabei fühlten sie die Kraft und die Liebe, die von ihrem Schöpfer ausging. Danach flogen sie in alle Richtungen des Universums. Dann war es ganz still. Der Himmel war voller Ruhe und Frieden.

Lisa, die Erdenseele, schaute nachdenklich in die Weite des Universums und überlegte sich, was sie als Nächstes tun würde.

„Na?", sagte der liebe Gott aufmunternd, „was stimmt dich denn so nachdenklich, mein Kind?"

„Ach", seufzte Lisa aus tiefstem Herzen, „ich bin mir auf einmal gar nicht mehr so sicher, ob ich zurück will in meinen Menschenkörper."

„Und warum nicht?", fragte der liebe Gott mitfühlend.

„Ich weiß nicht mehr, ob ich die Erfahrung der Trennung von dir machen möchte", erwiderte sie kleinlaut.

„Du hast die Wahl, mein Kind."

„Ich weiß, lieber Gott, aber ich bin mir nicht mehr sicher, was ich wirklich will."

„Finde es heraus", forderte er sie auf.

„Wenn ich es aber nicht weiß", seufzte sie kleinlaut.

Der liebe Gott lächelte Lisa an und dabei funkelten tausende Lichter wie Diamanten in seinen Augen. „Frag dein Herz. Dort wirst du die Antwort finden."

„Ja genau, das mache ich", erwiderte Lisa und schloss vertrauensvoll ihre Lichteraugen. Sie atmete dabei tief und gleichmäßig und es gelang ihr, an nichts zu denken und loszulassen. Sie war vollkommen entspannt und ruhig und als sie in sich selbst versank, fühlte sie nach und nach die Gewissheit in sich aufsteigen, was zu tun ist. Der liebe Gott, der das Ergebnis ihrer Entscheidung bereits kannte, blickte liebevoll auf die kleine Erdenseele und freute sich, dass sie ihrer inneren Stimme vertraute. Dann segnete er sie und hüllte sie in Licht und Liebe. Und als er sah, dass sie ihre Entscheidung getroffen hatte, verabschiedete er sich von ihr und verschwand leise in den Weiten des Universums. Lisa blickte ihm lächelnd nach. Danach steuerte sie wieder auf ihren Körper zu und freute sich schon sehr auf ihr Abenteuer auf der Erde.

Kurze Zeit später öffnete Lisa ihre Augen und schaute in das vertraute Gesicht ihrer Mutter, die sie liebevoll im Arm hielt. Freundlich begrüßte sie ihre Tochter mit den Worten:

„Guten Morgen mein Schatz, ich möchte dir deinen Papa vorstellen." Lisa blickte in die freundlichen Augen ihrer Eltern und da wusste sie, dass sie sich richtig entschieden hatte.

Die Autorin

Isabella Monti wurde 1965 in Salzburg geboren. Sie ist Impulsgeberin, Intuitions-Trainerin, spirituelle Beraterin und Malerin. Gemeinsam mit ihrem Partner Carl Sperlich berät und trainiert sie Privatpersonen und Firmen in den Bereichen Gelassenheit, Einzigartigkeit, Motivation, Kommunikation, Teamgeist, Intuition, Lebensfreude und Selbstvertrauen. Nachdem sie selbst durch eine tiefe Krise gegangen ist, die sie mit viel Angst und Schmerz konfrontierte, erkannte sie diese Krise auch als Chance, ihr Leben neu zu erfahren. Sie schreibt Artikel für Magazine und bringt die Zeitschrift *„Leichter leben - Impulse für mehr Leichtigkeit im Leben"* heraus. In ihren Einzelberatungen und Seminaren gibt sie ihre Erfahrungen und Erkenntnisse weiter. Weitere Informationen erhalten Sie auf der Homepage: www.leichter-leben.net

Kontakt
Isabella Monti
Beratungen / Seminare / Vorträge
Breitenweg 290, A-5071 Wals / Salzburg
E-Mail: Isamonti@gmx.at

www.leichter-leben.net

Wie alles begann:
das erste Buch von Isabella Monti!

Ein himmlischer Dialog
Eine neugierige Seele spricht mit Gott über unsere Welt

„Ein Buch, das verzaubert!"
ISBN 3-89845-013-9

Verlag „Die Silberschnur" GmbH

Eine kleine Seele trifft Gott bei einem Spaziergang im Himmel. Zwischen den beiden beginnt ein „himmlischer Dialog" – über Liebe und Angst, Schuld und Unschuld, über Freude und Leid, Krankheit und Tod, über Erziehung und Beziehungen, Sucht und Eifersucht, über Religion und den Sinn unseres Erdendaseins. Und Gott antwortet geduldig auf alle Fragen, einfach und klar. Die kleine Seele und Gott ist für Jung und Alt, für Männer und Frauen, für (Noch-) Pessimisten, Optimisten und Realisten, für Gläubige und Ungläubige – und ganz besonders für Sie bestimmt. Die Geschichte der kleinen Seele ist ein wertvoller Wegweiser, der Mut machen und neue Perspektiven eröffnen kann. Weise Botschaften, verpackt in einer genial einfachen Geschichte. Und genau darin liegt ihr Zauber: Sie tut der Seele einfach gut und man kann fühlen, dass tief im Inneren Heilung geschieht. Ganz von selbst.